À Julie et Marie,
mes petites fées bien-aimées.
– F. B.

ISBN : 2 7470 1045-7 – Dépôt légal : septembre 2004
Loi 49-956 du 16 juillet 1949 sur les publications destinées à la jeunesse
Imprimé et relié en France par Pollina, 85400 Luçon - N° L94208a

Comptines des Sorcières

Textes de Françoise Bobe
illustrés par Benjamin Chaud

BAYARD JEUNESSE

ILLICO LA SORCIÈRE

À cheval sur mon balai,
moi, je vais où ça me plaît.

Je fonce dans le brouillard,
qu'il fasse jour ou nuit noire.
Vous m'avez vue passer,
vous avez cru rêver !

Je file de ville en ville,
de Lure à Lunéville,
de Laval à Roubaix,
d'Épinal à Beauvais,
de Pau à Saint-Malo
de Lille à Saint-Nazaire.

Et je peux même faire
tout le tour de la Terre !
Mais ce que je préfère,
c'est survoler le désert
et changer les chameaux
... en dromadaires !

LE BRIC-À-BRAC DE BIBOULDA

Au milieu d'un bric-à-brac
de fioles et de babioles,
de bobines et bibelots,
du bocal de pattes de blattes,
du grimoire aux lettres noires,
de bobèches et bobinettes,
de baguettes et d'éprouvettes,
de boules de gui gluant,
de tout un bataclan,
de vieilles breloques
qui s'entrechoquent,

Biboulda bougonna :
– Dans ce fatras
je ne retrouve pas
mes vieilles binocles !

Alors
son hibou bourru
a ouvert un œil
et bouboulé :
– Regarde un peu
au bout de ton nez !

LES CABRIOLES DE CROQUIGNOLE

Sorcière
Croquignole,
assise devant son bol,
bâille et balbutie

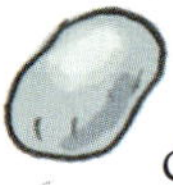

en faisant des bulles,
des bulles et des bulles
qui débordent du bol.

Soudain, Croquignole,
prisonnière d'une bulle,
gesticule puis s'envole,
cabriole dans sa bulle

qui percute un pic :
Croquignole-Parachute !

ANNACROBATIC

Dans une folle course-poursuite
derrière un minuscule moustique
Annacrobatic
a réduit en miettes
balais et baguettes.

Et la toute petite bestiole
répète encore sous son nez
bzzzz bzzzzz bzzzzz
tournicote à ses côtés
bzzzz bzzzzz bzzzzz
et murmure à son oreille
bzzzzz bzzzzz bzzzzz
puis reprend à l'autre oreille
bzzzz bzzzz bzzzzz.

La sorcière, en colère,
tape du pied et menace
l'insecte diabolique :
– Moustique, tu m'agaces !
De tes six pattes
je fais des nattes !

GRIPPESOU
LA SORCIÈRE

Méfiez-vous !
Méfiez-vous !

Dans la cohue colorée,
chaque jour de marché
Grippesou vient voler
votre petite monnaie.

Vous la reconnaîtrez,
avec son vieux chapeau
en peau de crapaud
et son châle en poils de rat.

Méfiez-vous !
Méfiez-vous !

Elle simule des courbettes
en faisant ses emplettes,
mais dans votre dos
elle chaparde vos euros.

Peu après, sur son balai,
elle quitte le marché.
Vous l'entendrez rire dans les airs,
Grippesou la sorcière !

Dans la maison de Chipolacrasse

Dans la maison
de Chipolacrasse,
y a pas d'eau,
pas d'savon ;
elle lave ses habits
à coups de magie.

Dans la maison
de Chipolacrasse,
y a un banc
bien collant,
des balais
tout crottés.

Dans la maison
de Chipolacrasse,
y a des bestioles
qui s'envolent
au-dessus
d'ses casseroles.

Dans la maison
de Chipolacrasse,
y a pas de lumière
pour voir c'qui grouille
partout par terre
dans la poussière.

Dans la maison
de Chipolacrasse,
ça n'sent pas bon,
y a même des jours
où ça sent
si mauvais
que son chat
se pince le nez !

Sorcière Bilboquet

Sorcière
Bilboquet
un matin bégaie :

– Mais où est pa-pa-passé
mon ba-ba-balai
de bou-bou-bouleau ?
Je ne peux pas décoller
sans mon ba-ba-balai
de bou-bou-bouleau !

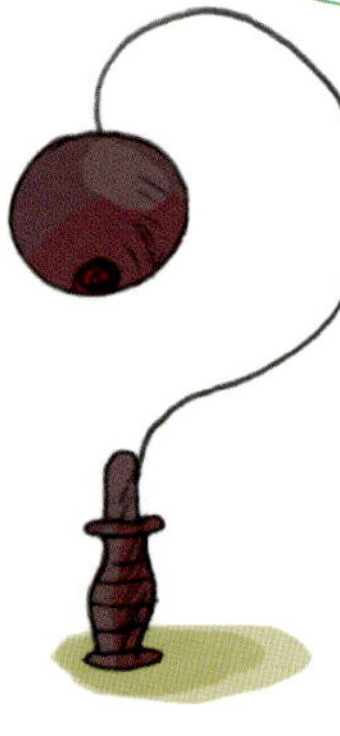

SISSI LA SORCIÈRE

La sournoise Sissi

sirote du sirop de cassis

en jetant des sorts

aux souriceaux

cachés sous le sureau.

FRIGODÈNE

Une nuit d'hiver,
sorcière Frigodène
met des bas de laine,
de grosses mitaines
et enfile des patins.

Sur le lac gelé
bientôt elle s'élance,
et elle rit, elle rit, elle rit
au milieu d'un cortège
de chauves-souris.

Sous des milliers
de flocons de neige,
elle rit, elle rit, elle rit
de pouvoir glisser
sur un seul pied.

TOMOKO LA SORCIÈRE AU PERROQUET

Tomoko
marmonne
entre ses chicots :
– Mais où ai-je mis
mon kimono jauni,
ma pince à chignon
et mon chapeau nippon ?
Mais où ai-je mis
les six asticots gris
et les dix grains de riz ?

Crache-noyaux,
son perroquet,
claironne :
– *Lésoulétapi*
lékimono
détomoko !
élésizasticogri
danléboldésaké
… *méjétoutavalé !*

Ce perroquet
exaspère
la sorcière
quand il répète
ses formules
de travers :
digraindéri
ésizasticogri
grotizascosi
itascogrizi.

CROCHE-CROCHE-NOIRE

Sorcière Croche-Croche-Noire
s'empare de son balai
comme d'une guitare
et rythme sa rengaine
sous ses doigts d'ébène.

Peau de crapaud,
peau de croco,
poil de blaireau,
plume de corbeau,
pattes de cafards,
puces de renard,
purée de poireaux,
noyaux de pruneaux,
et de bons marmots :
il faut ce qu'il faut
dans mon grand tonneau !

LE SECRET DE CRAPAULINE

Le fils de Crapauline
est un garçon costaud :
ni rhume ni rougeole,
il ne manque jamais l'école.

Crapauline a un secret :
elle met sur ses tartines
de la gelée d'asticots
et de la bave de crapaud !

CHICHOUCAS, JE TE VOIS

1… 2… 3…
Chichoucas,
je te vois
4… 5… 6…
semeuse de maléfices
7… 8… 9…
et de sorts tout neufs
10… 11… 12…
que fais-tu sur la
pelouse ?

Si à *3*, t'es encore là
je le dis à mon papa.

Et à *4*
il t'attrape
et à *5*
il te pince
et à *6*
te parfume aux épices
et à *7*
te rôtit en brochette !

MIRABELLA

Mirabella
aime les dentelles,
les taffetas,
les froufrous,
les bijoux.
Elle a des miroirs
dans tous ses tiroirs.
Elle met des perles
à son chapeau,
et de la soie
sous son manteau.
Mirabella
porte de l'or
sous ses oripeaux !

MARIE-MARGOT-BERLINGOT

Marie-Margot-Berlingot
est sorcière-pâtissière !
Elle a inventé
une pâte à bonbons
de toutes les couleurs
pour attraper
les petits farceurs.
Marie-Margot s'agite
au-dessus de sa marmite.
Elle y jette
des pépins de pastèque
et trente-six cacahuètes,
puis elle touille, touille, touille,
elle touille carabistouille.
Elle y jette
des feuilles d'épinards,
et des ra… dis noirs
puis elle touille, touille, touille,
elle touille carabistouille.
Elle y jette
du pistou et des pou… ssières
du fond de sa chaumière,
puis elle touille, touille, touille,
elle touille carabistouille.

TIMORÉE LA SORCIÈRE... TÉMÉRAIRE

Timorée n'ose pas
prendre avec les doigts
limaces et cancrelats,
poux, puces et poils de chat.

Timorée claque des dents
dès que rugit le vent,
dès que les volets claquent
et que le plancher craque.

Les soirs de lune rousse,
elle a tellement la frousse
qu'elle se cache au fond
de son grand chaudron.

Mais Timorée
vient de trouver
une recette
qui fera d'elle
une sorcière
téméraire !

Leïla Régnier et Betty Gnasse

Léïla Régnier et Betty Gnasse,
les deux plus jeunes sorcières
de la classe,
font l'école buissonnière.

Sur le chemin des cours du soir,
elles s'arrêtent au bord d'un lac
et se baignent au milieu
des bavardages de marécage.

Puis elles inventent des recettes
à grands coups de baguettes.

Et dans les environs
tout le monde s'étonne de voir
des potirouilles
sur les nénuphars.

PIRANINA

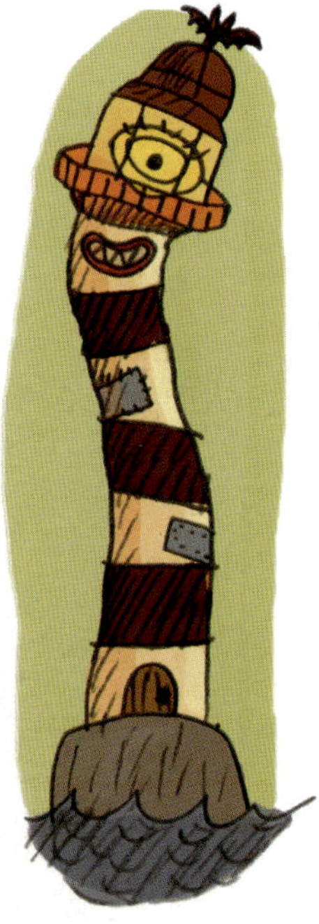

Piranina colle
son nez de requin
à la petite fenêtre
du phare abandonné.
De ses yeux de mérou
elle surveille les marées,
scrute l'océan
et soudain décolle.

Pas besoin
de boussole
pour retrouver
le vaisseau noir
à l'abri
des remparts.
Elle débusque
les pirates,
puis elle passe
à l'attaque.
Son balai
devient sabre.
Elle fend voiles
et cordages
et fait voler
les épées rouillées.
Après la bagarre,
la sorcière s'empare
du trésor
des pirates dépités.

Miss Hurlevent

Comme sa lanterne-potiron,

Miss Hurlevent

n'a que deux dents

sous ses yeux ronds

et des limaçons

sous le menton.

LA SORCIÈRE TSÉ-TSÉ

Si tu vois passer

la sorcière Tsé-Tsé,

tu vas bâiller,

tu vas bâiller.

Si tu vois passer

la sorcière Tsé-Tsé,

tu vas bâiller

et puis ronfler.

MINESTRONE, LA SORCIÈRE AU FIN NEZ

Minestrone
a un nez
de grande renommée.
Un nez détecteur
des bonnes odeurs.

Entre chaudrons
et caquelons,
sacs de poudre
et d'aromates,
Minestrone épate,
car elle avance
les yeux fermés
et mitonne
des recettes endiablées
pour gourmets.

Minestrone a un nez
aux pouvoirs insoupçonnés,
et elle impressionne
les princes sorciers
de son quartier.

QUEL CHAPEAU POUR PATCHOULI ?

Chez la chapelière,
Patchouli cherche
un nouveau chapeau.

– Voyons, voyons !
Chaporamolo,
chopiramoli,
chapoareluir…
quel chapeau choisir ?

Chapeau à clous,
chapeau à trous ?

Chapeau à poux,
chapeau à poix ?

Chapeau grelots,
chapeau plumeau ?

Chapeau à plis
ou à rabats ?

Ouaah !
Voyez comme il me va,
ce chapeau de guingois !

SORCIÈRE GIROUETTE

On montre du doigt
la silhouette de métal,
là-haut sur le toit,
en rassurant les enfants.

On croit qu'elle grince au vent.
Mais la finaude
profite du temps.
Elle aiguise ses formules
pour jouer de vilains tours.
Dès le crépuscule,
elle prend corps
et part en maraude
pour arroser le monde
de mauvais sorts.

BALLET DE SORCIÈRES

À minuit sonnant,
des silhouettes étranges
fendirent le ciel.
Et la troupe entra
au château hanté,
où Frigodène mena la danse
dans la grande salle de bal
jusqu'au petit jour.
Puis
les sorcières ont posé
avec leur chat
pour la photo
du grand sabbat.

Mais qui a pris ce cliché,
paru à la une
de Hebdocrapaud ?